LOGO EU, POETA.

JESSICA SERRA

Copyright © 2022 Jessica Serra
Todos os direitos reservados.

www.jessicaserra.com.br

Ao compartilhar, marque
@jessicaserrab

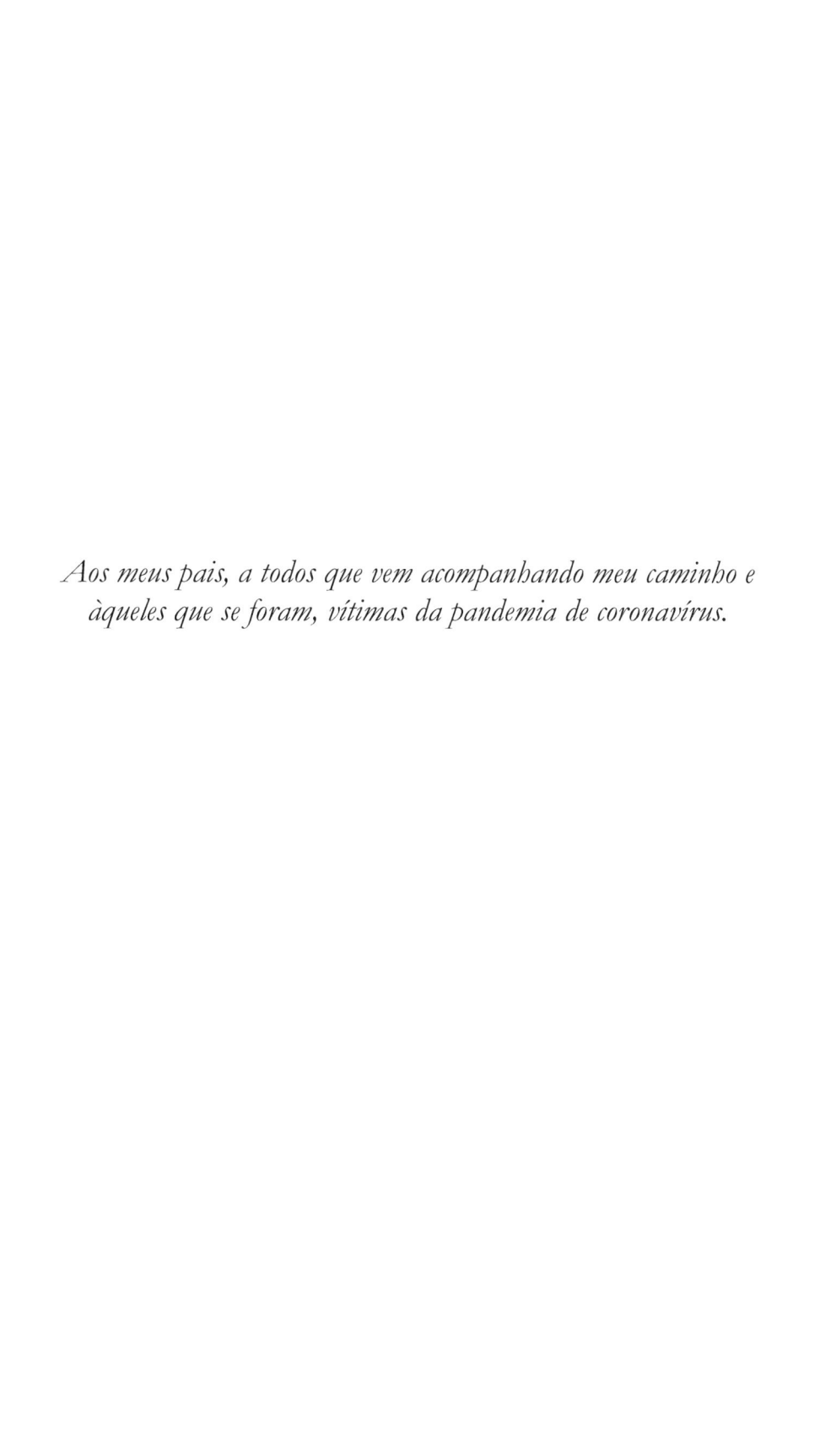

Aos meus pais, a todos que vem acompanhando meu caminho e àqueles que se foram, vítimas da pandemia de coronavírus.

A poesia é para aqueles

que gostam de escrever

mas tem uma certa

ansiedade em narrar.

Já querem ir logo

ao ponto final e

no meio do caminho...

encontram algumas rimas

Jessica Serra

Acho que estou numa frase mais poética

Brincaram tanto

com os sentimentos

até se tornarem

crianças rebeldes

Não sei o que
quer de mim,
só sei que eu
também quero

"Fique em casa"

diziam...

mas ali eu

não me sentia

em casa

[Quantos não-lugares uma casa pode ser?]

Jessica Serra

Se eu pudesse comer arte,

viveria de arte

Tento medo de

perder

para, no fim,

perder

o chão

Defeitos:

somos feitos

de sonhos

ou de feitos?

Parece calmante

mas é só uma dose

de amor-próprio

Infelicidade é
intensidade
sem reciprocidade

A ansiedade me ensinou algo muito difícil: meditar.

E meditar não é colocar uma música calma para tocar.
Meditar é permitir silenciar
a música de dentro

Mudar o dia
de alguém
pode ajudar
a mudar uma vida inteira
também.

Uma amiga me disse que

além de desenhar

eu também escrevo

desde então

venho me tornado

escritora

A dor está em **nós**

por isso é tão difícil **desatar**

Não é só o curativo

que faz você se curar

de algo ou alguém

mas a vontade de usá-lo

todos os dias

para o seu próprio bem

Toda poesia é

uma carta

que você escreve

para alguém mas que outra

pessoa pode

pegar emprestado

para enviar também

De:

Para:

Trampolim:

maior prova que a gente precisa ir

um pouco

para

baixo

                                                        e assim tomar impulso

para conseguir saltar

mais alto

e mergulhar

                             mais

                             fundo

Insistem na romantização do

não

mas o tchau

é lição

Contamos em "dias corridos" por que eles tem pressa em passar?

E os dias úteis, são o oposto de dias inúteis?

O amor se parece mais com metamorfose

do que com borboletas

no estômago

Reconstruir:

podem ser casas

podem ser asas

O poderoso

concedeu-nos um poder

da consciência do fim

e o mais estranho

é que, mesmo assim

perdemos seu custo

para viver do ganho

Acordar pra vida
é dormir na mediocridade

Quanto mais me afastei de você

mais me tornei

Jessica Serra

eu

Uma taça de vinho

e uma dose de amor recíproco

Que tal duas?

A solidão é um lugar para a gente morar

e não para visitar de vez em quando

O que chega é que é visita que

por sorte

fica

Amar é coincidir com o delírio do outro

Ninguém é tão

sério

só estão

cansados

de seriados trágicos

da vida real

Jessica Serra

Lágrima é afeto puro

em estado líquido

Divagar

                                                            cê vai?

Amores

rimam com

flores

para lembrar

que cada um

tem suas

cores

Atenção demais
é como vírgula:

Na dúvida
use-a com moderação

Se não for pra ouvir a música no volume máximo

eu nem escuto

A Linha tênue entre

des| apego
　　 interesse

E quando a vida não vai tão bem,
continuamos seguindo…

porque é lá na frente que as coisas
tem a possibilidade de mudança

Ah! A sutileza dos momentos felizes...

Eles são quase

imperceptíveis

Fiz poesia às 3h44 da manhã

A confiança não é algo que você acha

em um canto qualquer

ela demora a ser encontrada

e o que não se acha em qualquer canto

não se joga para

                                                        escanteio

"Inveja boa"
é admiração não assumida

Te conheço de outros carnavais

mas esse podia ser nosso carnaval

A garantia de uma conquista
não é o prazo de validade
ou qualidade estendida
mas a felicidade entendida

Me acostumei

com esse costume

de não me acostumar

Fui ouvir música

para não ouvir minha angústia

e ela a traduziu

Lembra?

você sobre(viveu) à uma pandemia

e isso não é pouca coisa

Você não pode abraçar o mundo

mas pode abraçar uma boa causa

o que é a mesma coisa

A deusa não retornará

O que ela está fazendo agora

é convocar cada um de nós

a agir

Jessica Serra

Estar feliz incomoda

mas siga firme na sua felicidade

Tirar uma fotografia não é tão difícil.

Percebê-la que é

Você, no palco

eu, no papel

Fizemos da cena

nosso papel

Se apaixonar é uma droga!

Neste mundo (que já é louco)
prefiro me manter
sã e sóbria

Uma dose de café antes que o mundo acabe

Demorei muito para me conhecer

Agora quero me levar para sair

Aonde for,

esteja

Aonde flor,

festeja

Amor não é um lugar para se chegar.

É um lugar para se estar

por vezes, permanecer

ou mesmo se despedir

A arte é livre

E eu sou louca

Nunca abra seu coração

para quem só faz questão

de ser visitação

É como servir suas

melhores xícaras

para as piores visitas

e ainda jogarem no chão

Chá de sumiço

passou o feitiço

Repetiu o padrão

perdi o tesão

E se solidão for uma forma de solidificar nossos nãos?

aonde não queremos ir

onde não queremos estar

com quem não queremos andar

por onde não queremos caminhar

A real é que

é você por você

e sempre vai ser

Não há o que temer

isso é crescer

Nunca pense que o seu sonho não é digno
de sua dedicação
mesmo ele sendo bem doido
aos olhos dos outros

E ansiar pelo sonho também não é viver parte dele?

A vida é uma sucessão (in)finita de agora(s)

Fui procurar paz olhando o mar
e achei minha ressaca particular

Lembrar que mesmo perder

pode significar

evoluir

Quando você aposta todas as suas fichas em alguém quem desvaloriza é você

Jessica Serra

Só para quem
enxerga magia
é que frase de efeito
vira poesia

O amor não tem fronteiras

mas tem limites

Ansiedade

é saudade

daquilo que

ainda

preciso

viver

Tentaram me atingir pelo meu ponto fraco

mas se esqueceram de que ele é construído

delicadamente

com pedras

Palavras sempre salvam

sejam em forma de poemas

sejam contando nossos problemas

Se nada parece ir
Pelo caminh**O** c**E**rto, temo**S** a**I**nd**A**

Um romance tipo café:

daqueles que você sente

antes mesmo de experimentar

Difícil andar na linha

quando você mesma

é quem ar~~risca~~ ——————

Foi viajar,

perdeu lugar

                                        para nunca mais

                                              voltar

O silêncio é um grito para dentro

a resposta dos sensatos é o tempo

Sabedoria não é evitar mergulhar em águas rasas, mas ter a consciência de que a gente pode se machucar ao saltar.

(Nunca saberemos qual a profundidade da água)

A liberdade é como café:

amarga ou doce

experimente-a como quiser

Jessica Serra

Eu sou poesia

você esvazia

Você está preenchendo seu coração

com algo que não é amor

mas uma espécie de

paixão

Eu sei.

É estranho sentir falta
e não sentir nenhuma saudade

Cuidado com quem beija suas mãos

mas prende suas asas

Nao é porque é psicológico que não machuca

Desenhar é

observar com as mãos

e sentir com os olhos

Está todo mundo tentando

se encontrar

Se você não sabe a resposta para algo

deve ser porque, provavelmente

ela está esperando para ser lida

em algum livro

A estrada pode ter sido breve

mas o trajeto foi lindo

Se sincero, quero

se mistério, não tolero

Tatuagem é cicatriz que quis ser arte

Somos bons em

intensidade

na felicidade,

mas esquecemos

que existe

intensidade

na adversidade

também

Conta-gotas não transborda

Fiz um pacto

com a arte:

ela não desiste

de mim

e eu não desisto

dela

A grandeza das coisas

não está em sua dimensão,

mas em seu significado

Jessica Serra

Há uma certa poesia

na fotografia

você tira?

Disponível para o

amor:

amor no que faz

amor pelos animais

amor de amizades reais

amor

Me vesti com outra versão de mim mesma

para caber no tamanho dos meus sonhos

Café,

um pouco de paz

e uns sonhos

para correr atrás

Responsabilidade musical:

Quando alguém te apresenta uma música,
e então, toda vez que ela toca,
você passa a ouvir a pessoa que te apresentou

Achou que e eu

não ia saber

o que fazer

com essa dor.

Logo eu,

poeta

Jessica Serra

Muitas vezes,

precisamos

recalcular a

rota para não

sair dos trilhos

Você precisa acreditar que é livre,
porque se você achar que não é,
te farão ter certeza

A gente quer

garantias

e a vida nos dá

gargalhadas

Eu não gosto muito de gente que pesquisa
demais antes de ir a algum lugar

Gente que decora a receita do bolo antes de experimentar
Gente que combina até quando vai combinar

Gente prevenida demais
previne até o imprevisível

Vida:

Se a gente não aprende

com lição

vai aprender

com repetição

casa

Não é estranho que
o lugar onde eu mais me encontro
é o que chamam de
caso perdido?

Emocionada

ou nada

meio-termo não me agrada

pode me chamar

de exagerada

minha atenção

é selecionada

Viver é uma espécie
de incêndio na alma
chorar acalma
molhar a calma

Arte não é só o que você quer

ver

ouvir

ler

dançar

cantar

Nós não lutamos contra os nossos pensamentos

Nós

dançamos

com

eles

Porque ainda há

a música

os livros

uma peça de teatro

um amor correspondido

por tempo indefinido

Me distraí

e transbordei

Quantos

sonhos morrem

quando

a gente acorda?

Tem buracos que permanecerão sempre

                                                                                         vazios

                          para nos avisar de onde devemos

desviar

O problema é este:

A gente vira adulto e acha que sabe viver

Não é porque estou em pedaços

que ainda vou permitir

pisarem em meus cacos

Jessica Serra

A mesma ansiedade

que faz você não querer

que a música acabe

faz você não ouvi-la

687 mil **pontos finais**

Jessica Serra

Jessica Serra

Jessica Serra

Jessica Serra

Jessica Serra

Jessica Serra

Jessica Serra

Jessica Serra

Jessica Serra

Jessica Serra

Jessica Serra

Jessica Serra

Jessica Serra

Jessica Serra

Jessica Serra

Jessica Serra

Jessica Serra

Jessica Serra

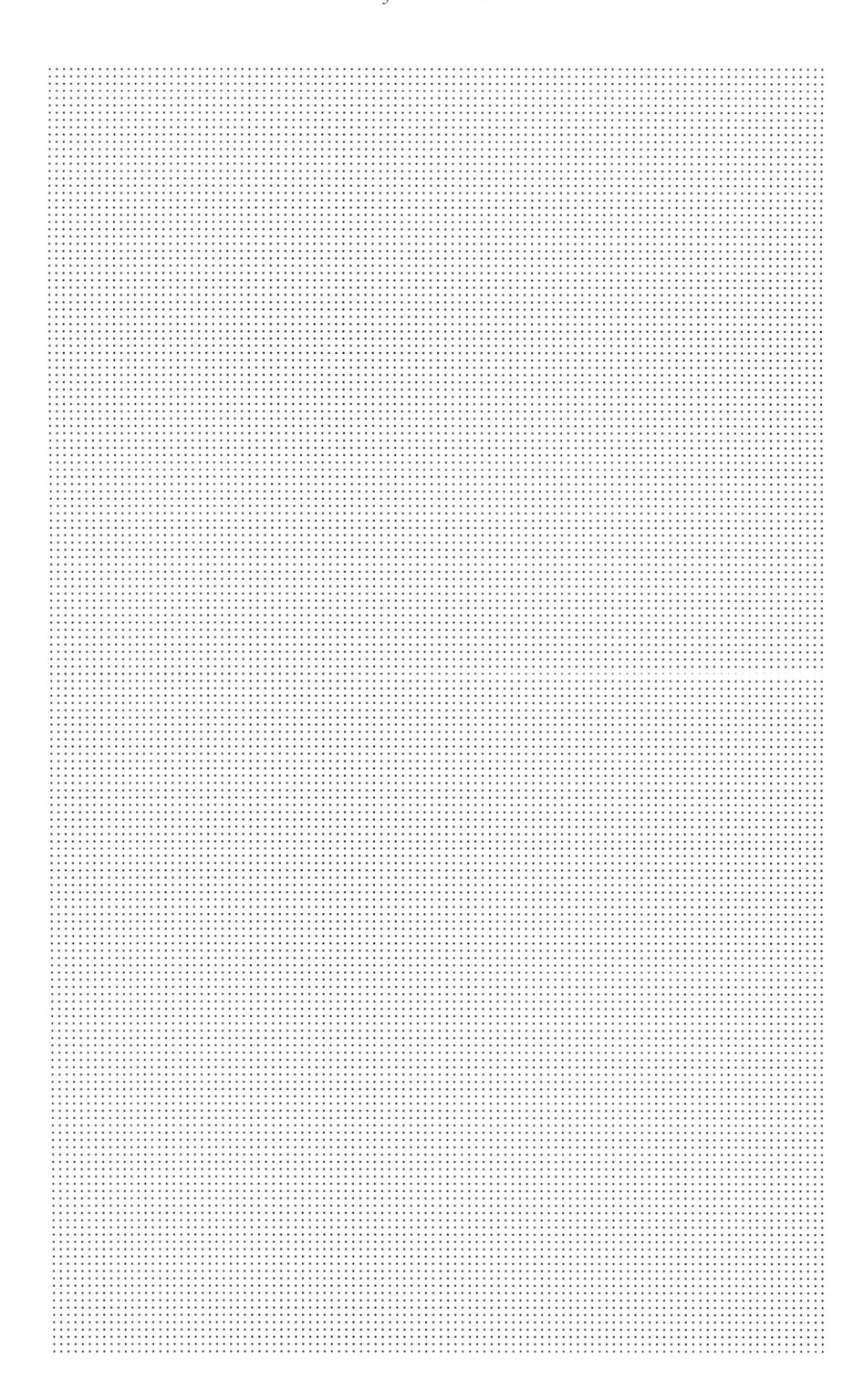

Jessica Serra

Jessica Serra

Jessica Serra

Jessica Serra

Jessica Serra

Jessica Serra

Jessica Serra

Jessica Serra

Jessica Serra

Jessica Serra

Jessica Serra

Brasil, 9 de outubro de 2022.

Sobre a autora

Jessica Serra nasceu em São Paulo, SP e é cartunista e poeta visual. Em 2020, formou-se Arquiteta e Urbanista pela Faculdade de Arquitetura e Urbanismo de Santos (FAUS), e cursou intercâmbio na Universidade Lusíada de Lisboa em 2018.

A artista começou a publicar seus trabalhos com ilustração e poesia nas redes sociais no inicio de 2020, motivada por uma chamada global da Organização Mundial da Saúde convocando ilustradores para divulgarem medidas visando minimizar os impactos da pandemia de coronavírus.

Jessica usa da crítica e da simplicidade. Os seus conteúdos buscam referências na atualidade, cultura, autoconhecimento e na música. Com seu estilo minimalista, característica que também traz para a escrita, a autora se inspirou em croquis que conheceu durante a faculdade.

Made in the USA
Columbia, SC
12 April 2023

d41c8d7a-d71c-49fd-b5c3-91a0fcfae3c0R02